Segunda Guerra Mundial para niños

Una fascinante guía sobre la
Segunda Guerra Mundial

Índice

INTRODUCCIÓN

Es bastante aterrador pensar que no hubo una sola guerra mundial, sino dos. La Segunda Guerra Mundial fue un momento terrible en el que varias personas malas hicieron cosas horribles a personas inocentes. Por suerte, el bien prevaleció. Si bien es posible que algunas de las cosas que aprendas en este libro te resulten muy feas, es importante que conozcamos nuestra historia para asegurarnos de no repetir los mismos errores. La Segunda Guerra Mundial nos muestra lo que puede suceder cuando nos dejamos gobernar por la codicia y el odio. Pero también es un ejemplo de los actos de valentía y heroísmo de los que la gente común es capaz, y un recordatorio de que podemos triunfar cuando trabajamos en equipo. Viajemos a un tiempo anterior a la guerra y descubramos por qué comenzó todo.

Capítulo 1: ¿Qué causó la Segunda Guerra Mundial?

Hubo muchas razones complicadas por las que comenzó la Segunda Guerra Mundial (WWII, por sus siglas en inglés). En este capítulo, exploraremos algunos de los principales catalizadores que llevaron a la guerra más mortífera de la historia.

Primera Guerra Mundial

A pesar de ser descrita como la "guerra para poner fin a todas las guerras", la Primera Guerra Mundial en realidad se convirtió en una causa directa de la Segunda Guerra Mundial. Al final de la Primera Guerra Mundial, las potencias aliadas y Alemania (que perdió la guerra) firmaron el *Tratado de Versalles.*

El Tratado de Versalles fue muy duro con Alemania. Les obligó a asumir la responsabilidad de la guerra y de todas las pérdidas y daños causados. También les hizo pagar más de $400 mil millones en *reparaciones* (pago a los perjudicados para reparar) y les exigió que entregaran tierras a Francia. Todo esto paralizó la economía alemana, y muchos alemanes sintieron que era injusto. Querían recuperar la tierra, la riqueza y el poder que les habían arrebatado.

La Primera Guerra Mundial provocó mucha *animosidad* (antipatía y disgusto) entre los países involucrados. Esto también dio lugar a la Segunda Guerra Mundial.

Un mapa que muestra la Renania alemana
después de la Primera Guerra Mundial.

La Gran Depresión

La Gran Depresión comenzó en 1929 y duró diez largos años. Afectó en gran medida a las economías de Estados Unidos y Europa. Muchas personas perdieron sus trabajos y se quedaron sin hogar. Con las relaciones comerciales casi inexistentes y el desmoronamiento de las economías, las relaciones exteriores entre los países de Europa empeoraron. La gente quería "cuidarse a sí misma" sin considerar a los demás. Esto llevó a una mayor desconfianza, y muchos países vieron estos nuevos ideales *nacionalistas* como una forma de expandir sus imperios.

El fascismo

Con tanta incertidumbre y agitación económica, hubo mucho malestar político. Los partidos políticos más extremos comenzaron a ganar votos cuando los gobiernos actuales no lograban resolver las crisis económicas. Estos nuevos partidos formaron gobiernos *fascistas*. Estos son gobiernos a cargo de un *dictador* (un gobernante con todo el poder) que utiliza la opresión, el nacionalismo, el racismo y la violencia. En Italia, *Benito Mussolini* (del *Partido Nacional Fascista*) se convirtió en dictador en 1922 y comenzó a invadir otros países para expandir el Imperio italiano.

Un póster sobre "fascismo versus democracia" antes de la Segunda Guerra Mundial. Creado por un editor neoyorquino que era antifascista
https://commons.wikimedia.org/w/index.php?curid=92796062

Hitler y el Partido Nazi

En 1933, *Adolf Hitler* se convirtió en el *führer* de Alemania (se pronuncia "fiú-rer" y significa "líder"). Su grupo político era el *Partido Nazi*, también conocido como el *Tercer Reich* ("ráish"). Se alió con Italia y Mussolini y comenzó a expandir el Imperio de Alemania.

Hitler invadió Austria por primera vez en 1938 al declarar que Alemania la había anexionado. Cuando vio que la Sociedad de Naciones (una organización mundial diseñada para mantener la paz después de la Primera Guerra Mundial) no hizo nada, Hitler invadió aún más países.

Política de apaciguamiento

Los países aliados de Gran Bretaña y Francia no querían otra guerra, por lo que intentaron usar *políticas de apaciguamiento*. En lugar de tratar de detener a Hitler, trataron de hacerlo feliz y cedieron a sus demandas. Un ejemplo de esto es el *Acuerdo de Munich*. Francia, Gran Bretaña, Italia y Alemania firmaron un acuerdo que establecía que la Alemania nazi podría quedarse con una parte de Checoslovaquia.

Desafortunadamente, esto solo hizo que Alemania e Italia decidieran continuar invadiendo y fortaleciendo sus ejércitos. Pero cuando Alemania invadió Polonia (aliado de Gran Bretaña y Francia), cruzaron una línea de tolerancia. Ambos países declararon la guerra a Alemania el 3 de septiembre de 1939.

Expansión japonesa

Alemania e Italia no fueron los únicos países que expandieron sus imperios. Japón también comenzó a invadir a sus vecinos. Luego, Japón se alió con Alemania e Italia, expendiendo la guerra fuera de Europa a una escala global.

De izquierda a derecha: el primer ministro británico Neville Chamberlain, el primer ministro francés Édouard Daladier, Adolf Hitler y Benito Mussolini fotografiados antes de firmar el Acuerdo de Munich

Actividad del capítulo 1

¿Puedes encontrar las palabras en esta sopa de letras siguiendo las siguientes pistas? Sugerencia: si tienes dificultades para encontrar las respuestas a las pistas, vuelva a este capítulo o busque debajo de la sopa de letras para encontrar las respuestas.

- El führer (gobernante) de Alemania.
- El partido político de Alemania.
- El método utilizado por Gran Bretaña y Francia para tratar de mantener a Alemania feliz.
- El país fuera de Europa que expande su imperio.
- Un gobernante con poder total que a menudo gobierna con violencia.
- Benito Mussolini era el gobernante de este país.
- Alemania e Italia querían ampliar su ____.
- Abreviatura de la Segunda Guerra Mundial en inglés.

J	W	V	N	C	Q	I	T	A	L	I	A	K	A
Q	V	V	Z	J	A	P	Ó	N	S	M	L	V	J
O	A	V	A	E	G	S	K	P	J	T	O	H	C
A	P	A	C	I	G	U	A	M	I	E	N	T	O
G	N	Y	Z	N	E	U	V	L	L	V	V	J	X
M	Z	A	X	B	E	Z	J	D	B	D	A	E	O
R	S	N	F	C	R	L	L	K	B	C	I	X	K
E	P	Y	U	Q	H	Q	N	F	K	I	U	O	X
Q	A	G	S	D	I	C	T	A	D	O	R	U	R
X	J	U	Q	H	J	L	B	B	J	X	H	W	C
F	R	K	P	A	R	T	I	D	O	N	A	Z	I
I	M	P	E	R	I	O	S	M	W	W	I	I	Z
V	U	Z	Q	I	S	X	F	Z	H	T	G	R	L
A	D	O	L	F	H	I	T	L	E	R	T	G	O

Respuestas:

Adolf Hitler, Partido Nazi, apaciguamiento, Japón, dictador, Italia, imperios, WWII.

Respuestas de capítulo 1

J	W	V	N	C	Q	I	T	A	L	I	A	K	A
Q	V	V	Z	J	A	P	Ó	N	S	M	L	V	J
O	A	V	A	E	G	S	K	P	J	T	O	H	C
A	P	A	C	I	G	U	A	M	I	E	N	T	O
G	N	Y	Z	N	E	U	V	L	L	V	V	J	X
M	Z	A	X	B	E	Z	J	D	B	D	A	E	O
R	S	N	F	C	R	L	L	K	B	C	I	X	K
E	P	Y	U	Q	H	Q	N	F	K	I	U	O	X
Q	A	G	S	D	I	C	T	A	D	O	R	U	R
X	J	U	Q	H	J	L	B	B	J	X	H	W	C
F	R	K	P	A	R	T	I	D	O	N	A	Z	I
I	M	P	E	R	I	O	S	M	W	W	I	I	Z
V	U	Z	Q	I	S	X	F	Z	H	T	G	R	L
A	D	O	L	F	H	I	T	L	E	R	T	G	O

7

Capítulo 2: ¿Quiénes participaron?

La Segunda Guerra Mundial se libró entre dos grupos de naciones. Colectivamente, se les llamaba *"Potencias Aliadas"* y *"Potencias del Eje"*. Las principales Potencias Aliadas, o *Aliados*, fueron Gran Bretaña, Francia, la Unión Soviética y los Estados Unidos. Varios otros países también lucharon del lado de los Aliados. Las principales potencias del Eje fueron Alemania, Italia y Japón.

A lo largo de la guerra, ambas partes utilizaron varias tácticas para alentar a las personas a *alistarse* (unirse) en el ejército y ayudar en la guerra. Muchos países decidieron introducir el *servicio militar obligatorio*. Esto sucede cuando es obligatorio y exigible por ley que los hombres de cierta edad se unan al ejército. También utilizaban *propaganda* para obtener apoyo civil. La propaganda es información sesgada o engañosa diseñada para promover una causa política. Los carteles, las películas y otros tipos de comunicación contendrían propaganda que hacía que ciertos países parecieran los "buenos" en la guerra y trataban de alentar a las personas a apoyarlos.

Un mapa de Europa durante la Segunda Guerra Mundial
https://commons.wikimedia.org/w/index.php?curid=566856

Las Potencias Aliadas

Las Potencias Aliadas comenzaron siendo solo Gran Bretaña, Francia y Polonia. Por eso, cuando Alemania invadió Polonia, tanto Francia como Gran Bretaña declararon la guerra.

Gran Bretaña

Al comienzo de la Segunda Guerra Mundial, el ejército británico era relativamente pequeño y estaba formado por voluntarios y profesionales. No estaba preparada y estaba muy mal equipada para la guerra en múltiples frentes. Las Potencias del Eje tenían la ventaja de la mano de obra y las armas. Sin embargo, esto cambió durante la guerra a medida que Gran Bretaña mejoró su entrenamiento, equipo y liderazgo y expandió su ejército con el alistamiento obligatorio. Los británicos también introdujeron nuevos equipos especializados como el SAS (Servicio Aéreo Especial), los Comandos y un regimiento de paracaidistas. Al final de la guerra, más de tres millones y medio de personas habían servido en el ejército británico.

Francia

En 1939, Francia tenía un gran ejército de 900.000 soldados y cinco millones de reservas. Cuando se declaró la guerra, Francia posicionó 100 divisiones en la frontera alemana para protegerlas de una invasión alemana. Sin embargo, en 1940, Francia cayó bajo la ocupación alemana. Esto significaba que su ejército oficial ya no podía luchar. Pero eso no detuvo al pueblo francés, que siguió luchando por la liberación de Francia como la *Francia Libre*.

La Unión Soviética

La Unión Soviética (o URSS) era un país formado por Rusia y otros catorce países vecinos en el norte de Eurasia. Duró desde 1922 hasta

1991. Originalmente, la Unión Soviética había sido un aliado de Alemania. Sin embargo, en 1941, Hitler cometió el error de invadir parte de Rusia. Es comprensible que Rusia no estuviera contenta de que su aliado la hubiera traicionado y tratara de tomar parte de su tierra. Por lo tanto, Rusia se unió a los Aliados para luchar contra Alemania.

El ejército de Rusia era conocido como el *Ejército Rojo* y contenía treinta y cuatro millones de soldados. El Ejército Rojo estaba formado por obreros y campesinos que no tenían más remedio que luchar. Servir en el ejército era obligatorio y se consideraba un deber nacional de todos los hombres en edad de luchar. La Unión Soviética tenía el ejército y la fuerza aérea más grandes del mundo y más tanques que el resto del mundo combinado. Esto los convirtió en un poderoso enemigo y un valioso Aliado.

SU 76

SU 85

Tank Destroyers of the Red Army are mainly the SU 85 (a high-velocity 85 on a cut-down T-34), and the SU 76 (a M1942 76-mm field gun on a light tank). Unlike other SU's in that it lacks top armor and thick frontal armor, the SU 76 is usually given infantry support jobs. When used for AT, it and the SU 85 are protected by infantry. These light SU's capitalize on their speed to ambush enemy armor, always seeking to outflank their opponents. Stalins also lay tank ambushes, using T-34's to entice the enemy in. T-34's then attack his flanks and rear.

Page from War Department Pamphlet
No. 21-30 Our RED ARMY Ally showing USSR tanks.

Estados Unidos

Al comienzo de la guerra, Estados Unidos quería permanecer neutral. Pero, después de un ataque japonés en suelo estadounidense en 1941 (Pearl Harbor), se unieron a la guerra del lado de los Aliados. Los Estados Unidos también aportaron un ejército impresionantemente grande a los Aliados. Más de dieciséis millones de soldados estadounidenses lucharon en la Segunda Guerra Mundial.

Un póster de propaganda estadounidense sobre Adolf Hitler.
"¡Atrapémoslo con la guardia baja! ¡Lo lograremos si seguimos atacando!"
https://commons.wikimedia.org/w/index.php?curid=48634

Otras potencias aliadas

China también se unió a los Aliados, principalmente debido a sus continuas batallas con Japón. Durante la guerra, el líder de la República de China unió fuerzas contra Japón junto al líder del Partido Comunista Chino. Sin embargo, cuando terminó la guerra, el Partido Comunista tomó el control de China continental. El líder de la República se vio obligado a esconderse en Taiwán.

Los países dentro del Imperio británico, así como los países de la Commonwealth como Australia, Nueva Zelanda y Canadá, lucharon con los Aliados. Grecia, los Países Bajos, Bélgica y Yugoslavia también lucharon como socios aliados. Muchos más países que fueron tomados por las Potencias del Eje también eran Aliados.

THE BRITISH COMMONWEALTH AND ITS ALLIES WILL DESTROY THE NAZI TYRANNY

Cartel de propaganda de la Commonwealth británica y los aliados de la Segunda Guerra Mundial. "La Commonwealth británica y sus aliados destruirán la tiranía nazi"
https://commons.wikimedia.org/w/index.php?curid=25241675

Potencias del Eje

Las Potencias del Eje comenzaron a formarse antes del comienzo de la Segunda Guerra Mundial. El 15 de octubre de 1936, Alemania e Italia formaron una alianza llamada *Eje Roma-Berlín*.

Luego, el 25 de noviembre de 1946, Alemania firmó con Japón un tratado contra el *comunismo* llamado *Pacto Antikomintern*. El comunismo es un sistema en el que la comunidad posee colectivamente la propiedad y todos contribuyen y reciben de acuerdo con sus habilidades y necesidades. Alemania e Italia fortalecieron su alianza con el *Pacto de Acero* el 22 de mayo de 1939.

DATO CURIOSO El pacto se llamó originalmente "Pacto de Sangre", pero el nombre fue cambiado por temor a que el público en general no lo apoyara.

El Pacto de Acero se convirtió en el *Pacto Tripartito* cuando Japón también lo firmó el 27 de septiembre de 1940, formando oficialmente las Potencias del Eje.

Alemania

El ejército alemán tenía una potencia de fuego muy superior a la de sus oponentes aliados y contaba con un gran ejército. Alrededor de trece millones de soldados alemanes lucharon en la Segunda Guerra Mundial. El ejército estaba formado por soldados voluntarios y reclutas. Para proteger las ciudades alemanas de los ataques del Ejército Rojo, Hitler también introdujo la *Milicia Popular*, compuesta por hombres demasiado viejos o jóvenes para luchar en el ejército.

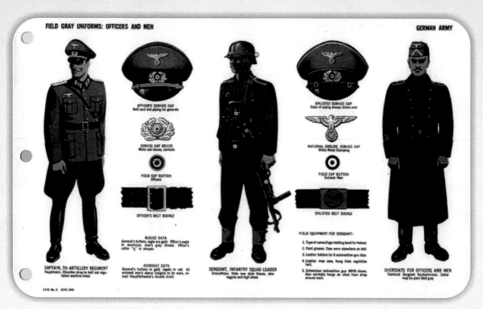

Dibujos de uniformes e insignias del ejército alemán
https://commons.wikimedia.org/w/index.php?curid=82971265

Italia

Durante la Segunda Guerra Mundial, casi cuatro millones de italianos lucharon en el ejército italiano. La razón principal de Italia para unirse a la guerra era ganar territorio en Turquía y África. Italia se unió a sus aliados alemanes en la guerra al ver que Francia estaba a punto de caer en manos de Alemania. Italia tuvo poco éxito durante la guerra, ya que muchas de sus tropas no creían en la causa. Tampoco tenían muchos tanques o cañones antitanque y tenían pocos suministros para sus tropas.

Japón

Al comienzo de la Segunda Guerra Mundial, Japón ya estaba en guerra con China. Japón decidió involucrarse en la guerra debido a la escasez de petróleo y recursos. Quería convertirse en un país fuerte y necesitaba expandir su imperio para lograrlo. También quería derrocar a los Estados Unidos como potencia dominante del Pacífico.

aunque estaban en lados opuestos, Japón y Rusia permanecieron relativamente en paz durante la mayor parte de la Segunda Guerra Mundial.

Japón admiraba el respeto de Alemania hacia un ejército fuerte, su deseo de expandir el territorio y su carismático líder con ideales nacionalistas. Japón veía a Alemania como una gran potencia global cuya visión se alineaba con la suya. Simplemente ignoraban aquellos ideales nazis que no se alinearan con sus gustos.

Aunque los ideales de Hitler y el Partido Nazi eran racistas, llamaron a los japoneses "arios honorarios" para expresar su aceptación. La raza aria era el concepto del Partido Nazi para la raza humana "perfecta". Cualquier persona que no fuera vista como parte de la raza aria era considerada genéticamente inferior.

Otras potencias del eje

Hungría también se unió a las Potencias del Eje. Firmó el Pacto Tripartito y participó activamente en la invasión de Rusia. Finlandia no firmó, pero luchó junto a las Potencias del Eje. Tanto Bulgaria como Rumanía comenzaron como Potencias del Eje, pero más tarde lucharon junto a los Aliados.

Postal japonesa publicada en 1938 - Retratos de Hitler, PM Konoe y Mussolini - Niños ondeando banderas alemanas, italianas y japonesas

Actividad de capítulo 2

Diseña un póster de propaganda de la Segunda Guerra Mundial que motive a la gente a luchar con los Aliados o las Potencias del Eje (o podrías hacer uno para cada uno).

Comparte tus carteles con nosotros por correo electrónico (matt@captivatinghistory.com), Facebook (Captivating History) o Instagram (captivatinghistorybooks).

La Segunda Guerra Mundial tuvo lugar entre 1939 y 1945. En general, se considera un evento global, pero a menudo se lo denomina en dos áreas principales: la guerra en Europa y la guerra en el Pacífico. A veces se les conoce como *teatros de guerra*.

La guerra en Europa comenzó cuando Alemania invadió Polonia. El enfrentamiento era entre las Potencias del Eje de Alemania, Italia y sus aliados europeos y las Potencias Aliadas de Gran Bretaña, Francia y la Unión Soviética. La guerra en Europa se libró en tres frentes: el frente occidental (Francia y Gran Bretaña), el frente oriental (Rusia) y el frente mediterráneo y africano.

La guerra en el Pacífico se libró principalmente entre Japón y los Estados Unidos. Las guerras se libraron en todo el Pacífico en Japón, China y otras partes de Asia.

A continuación se muestra una cronología de algunos de los eventos más importantes de la guerra.

Antes de la guerra

30 de enero de 1933 - Adolf Hitler es nombrado canciller de Alemania con su Partido Nazi/Tercer Reich.

22 de marzo de 1933 - Se abre el campo de concentración de Dachau en el sur de Alemania. Se dice que el campo fue construido para los opositores políticos de Hitler. Ese mismo año se abren más campos de concentración. Estos campos se utilizan más tarde como campos de trabajos forzados, prisiones y campos de exterminio para cualquier persona que a Hitler no le guste, incluidos judíos, romaníes (gitanos), negros y homosexuales.

Una foto de Adolf Hitler

10 de mayo de 1933 - Todos los libros contra los ideales del Partido Nazi se queman en enormes hogueras en toda Alemania.

Una foto que muestra miles de libros quemados mientras la gente hace el saludo nazi

Cien años antes de esto, Heinrich Heine, un poeta judío-alemán, dijo: "Donde se queman libros, los seres humanos también están destinados a ser quemados". Lamentablemente, esto resultó ser una verdadera predicción de lo que sucedería bajo la dictadura de Hitler.

Durante 1933 – nuevas leyes despojan al pueblo judío de sus derechos. Los inmigrantes judíos polacos son despojados de su ciudadanía alemana, los judíos son excluidos de las artes y ya no se les permite poseer tierras o ser editores de periódicos, y las empresas judías son boicoteadas. Una nueva ley también permite que las personas sin hogar y desempleadas, los mendigos y los alcohólicos sean enviados a campos de concentración.

En los años siguientes se siguen introduciendo leyes para despojar aún más a los judíos de sus derechos. Esto incluye eliminar su seguro de salud y prohibirles estudiar derecho, servir en el ejército o tener ciertos trabajos. A los judíos tampoco se les permite casarse con personas de la "raza aria".

2 de agosto de 1934 – Hitler se convierte en el führer y dictador de Alemania cuando muere el expresidente.

15 de septiembre de 1935: *se aprueban las Leyes raciales de Núremberg,* que despojan a los judíos alemanes de sus derechos. Otras enmiendas a estas leyes eventualmente privan al pueblo judío de todos los derechos humanos.

12-13 de marzo de 1938 – Hitler envía tropas a Austria y declara que el país está ahora anexado por Alemania.

Durante 1938 – el pueblo judío debe registrar su riqueza, negocios y propiedades. Los judíos mayores de quince años deben llevar tarjetas de identificación y mostrarlas a la policía. Los hombres deben añadir el nombre "Israel" y las mujeres "Sarah" a todos los documentos oficiales, y todos los pasaportes judíos deben estar sellados con una "J" roja. A los médicos judíos ya no se les permite ejercer la medicina, y los alumnos judíos ya no pueden estudiar en escuelas no judías.

9 de noviembre de 1938 - Kristallnacht - *La noche de los cristales rotos*. Estalla una gran ola de violencia infligida por los nazis contra el pueblo judío. Además de los ataques a las personas, muchos negocios judíos son saqueados y destruidos. Alrededor de 25.000 hombres judíos son detenidos y enviados a campos de concentración. También se queman más de 1000 *sinagogas* (lugares de culto judíos).

dato interesante A pesar de ser víctimas, los judíos fueron multados por los daños causados en la Kristallnacht.

La gente observa cómo la sinagoga de Börneplatz (un lugar de culto judío) se quema durante la Noche de los Cristales Rotos

Segunda Guerra Mundial

1 de septiembre de 1939 - Alemania invade Polonia. Esto se considera el comienzo de la Segunda Guerra Mundial.

3 de septiembre: Gran Bretaña y Francia declaran la guerra a Alemania.

17 de septiembre de 1939: La Unión Soviética invade Polonia.

Octubre de 1939: Los nazis comienzan a *sacrificar* (asesinar) a los enfermos y discapacitados.

25 de enero de 1940: Se construye el campo de concentración de Auschwitz en Polonia. Este se convertirá en el campo de concentración más grande donde morirán más de dos millones de personas.

12 de febrero de 1940: Los judíos alemanes comienzan a ser deportados a campos de concentración polacos.

9 de abril de 1940: Alemania invade Dinamarca y Noruega.

10 de mayo de 1940: Alemania invade Francia, Bélgica, Holanda y Luxemburgo utilizando la táctica de "guerra relámpago" *blitzkrieg* ("blits-crig").

10 de junio de 1940: Italia se une a la guerra como Potencia del Eje.

22 de junio de 1940: Francia se rinde y firma un *armisticio* (acuerdo de paz) con Alemania.

10 de julio de 1940: Alemania lanza un ataque aéreo contra Gran Bretaña hasta octubre. Esto recibe el nombre de *Batalla de Inglaterra.*

dato interesante esta fue la primera gran campaña militar que utilizó solo aviones/fuerzas aéreas.

Catedral de San Pablo, Londres, después de un bombardeo

7 de septiembre de 1940: Comienza la campaña de bombardeos alemanes en Gran Bretaña, *el Blitz*. Esto continúa durante casi un año. (Londres es bombardeada durante cincuenta y siete noches seguidas)

7 de octubre de 1940: Alemania invade Rumania.

2 de marzo de 1941: Alemania ocupa Bulgaria.

6 de abril de 1941: Alemania invade Yugoslavia y Grecia.

22 de junio de 1941: Alemania invade Rusia.

3 de septiembre de 1941: El *gas Zyklon B* se prueba por primera vez en Auschwitz, un gas de cianuro de hidrógeno utilizado para matar en masa a las personas en los campos de concentración.

7 de diciembre de 1941: Japón ataca una base de la Marina de los Estados Unidos en Hawái, Pearl Harbor. Esto lleva a Estados Unidos y a su aliado, Gran Bretaña, a declarar la guerra a Japón al día siguiente.

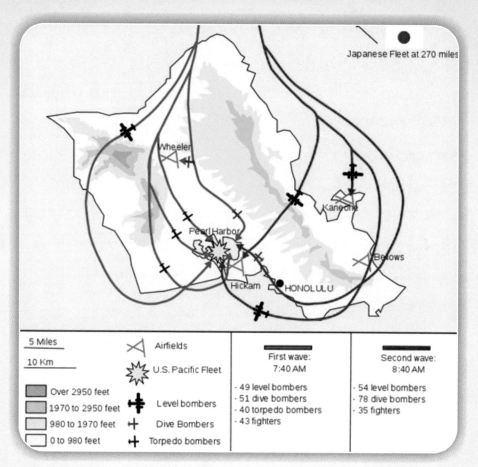

Ataque a Pearl Harbor

11 de diciembre de 1941: Alemania declara la guerra a los Estados Unidos. En respuesta, el presidente Roosevelt le dice al Congreso: "Nunca hubo un mayor desafío para la vida, la libertad y la civilización". Luego, Estados Unidos se une a la guerra en Europa, concentrando el 90 por ciento de su poderío militar contra Hitler.

10 de julio de 1943: Los aliados invaden y capturan Sicilia.

3 de septiembre de 1943: Italia se rinde, pero Hitler ayuda a Mussolini a escapar y establecer un nuevo gobierno en el norte de Italia.

19 de marzo de 1944: Alemania ocupa Hungría.

6 de junio de 1944: Las fuerzas aliadas desembarcan en Normandía, Francia, y hacen retroceder a las fuerzas alemanas en lo que se conoce como el Día D.

25 de agosto de 1944: París es liberada del control nazi.

16 de diciembre de 1944: Los alemanes pierden la *Batalla de las Ardenas.* Esto indica que estaban empezando a perder la guerra.

1945: Con el avance de las tropas aliadas, los alemanes obligan a la gente en los campos de concentración a realizar "marchas de la muerte" lejos de los campos.

27 de enero de 1945: Soldados rusos liberan Auschwitz. De los dos millones de personas asesinadas allí, 1,5 millones eran judíos.

Niños supervivientes durante la liberación de Auschwitz
https://commons.wikimedia.org/w/index.php?curid=17282223

22 de marzo de 1945: El Tercer Ejército de los Estados Unidos cruza el río Rin y avanza hacia Alemania.

30 de abril de 1945: Sabiendo que ha perdido la guerra, Adolf Hitler se suicida en lugar de enfrentar el castigo por sus crímenes.

7 de mayo de 1945: Alemania se rinde ante los Aliados firmando las *actas de capitulación alemana*. El día siguiente se conoce como *Día de la Victoria en Europa (VE, por sus siglas en inglés)*. Sin embargo, la guerra en el Pacífico aún continúa, ya que Japón no mostraba signos de rendirse.

6 de agosto de 1945: Estados Unidos lanza una bomba atómica sobre *Hiroshima*, Japón. Esta es la primera vez que se utiliza un arma nuclear en una guerra. Aproximadamente 80.000 personas mueren inmediatamente por la explosión. Decenas de miles más morirán más tarde a causa de sus lesiones o radiación.

9 de agosto de 1945: Sorprendentemente, los japoneses todavía no se han rendido. Entonces, Estados Unidos lanza una segunda bomba atómica, esta vez sobre *Nagasaki*.

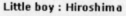

Little boy : Hiroshima	Fat Man : Nagasaki

Fission uranium-235 Weight : 4400 kg Power : 15,000 tons of TNT	Fission plutonium-239 Weight: 4535 kg Power : 21,000 tonnes de TNT

Las bombas nucleares

Esta bomba es aún más poderosa. Pesa 10.000 libras y es capaz de producir una explosión de veintidós kilotones. Pero, gracias a las montañas que rodean Nagasaki, el efecto de la bomba se limita a 2,6 millas cuadradas.

Interesting fact: La bomba atómica utilizada en Hiroshima fue apodada "Little Boy" (pequeño niño), y la de Nagasaki fue llamada "Fat Man" (hombre gordo).

14 de agosto de 1945: Japón se rinde y se celebra el *Día de la VJ (Victoria en Japón)*.

2 de septiembre de 1945: Japón firma un acuerdo formal de rendición con los Estados Unidos.

1. ¿Por qué Estados Unidos le declaró la guerra a Japón?

2. ¿Cuáles fueron los dos principales "teatros de guerra" durante la Segunda Guerra Mundial?

3. ¿Qué desencadenó el inicio de la guerra el 1 de septiembre de 1939?

4. ¿Qué fue Auschwitz?

5. ¿Cómo se llamaba la campaña de bombardeos alemanes en Gran Bretaña?

Respuestas del capítulo 3

1. ¿Por qué Estados Unidos le declaró la guerra a Japón? **En respuesta al ataque japonés a su base naval en Pearl Harbor.**

2. ¿Cuáles fueron los dos principales "teatros de guerra" durante la Segunda Guerra Mundial? **Europa y el Pacífico.**

3. ¿Qué desencadenó el inicio de la guerra el 1 de septiembre de 1939? **Alemania invadió Polonia.**

4. ¿Qué fue Auschwitz? **Es un campo de concentración.**

5. ¿Cómo se llamaba la campaña de bombardeos alemanes en Gran Bretaña? **El Blitz.**

Debido a que Francia cayó bajo la ocupación alemana nazi a principios de la guerra, nos centraremos en cómo era la vida de los otros soldados aliados durante la Segunda Guerra Mundial. Pero eso no quiere decir que los soldados franceses no lucharan.

El día en que Gran Bretaña declaró la guerra a Alemania, introdujo la *Ley de Servicio Nacional (Fuerzas Armadas)*. Esta ley establecía que todos los hombres entre dieciocho y cuarenta y uno estaban legalmente obligados a registrarse para el servicio militar. Los hombres que trabajaban en industrias importantes, como la panadería, la agricultura, la medicina y la ingeniería, estaban exentos. Aquellos que tenían problemas médicos también podían evitar el servicio militar obligatorio.

DATO CURIOSO El término servicio militar obligatorio se usó para describir a aquellos que fueron obligados a luchar en la RAF o la Royal Navy británica; la expresión "llamados" se usaba para las personas que luchaban en el ejército.

Al introducir el reclutamiento y hacer obligatorio que los hombres lucharan, el ejército británico aumentó drásticamente su número. Sin embargo, no todos estaban de acuerdo con el servicio militar obligatorio o no querían luchar. Estas personas eran llamadas *objetores de conciencia* u *OC*. Argumentaban que no querían luchar por razones religiosas o morales.

Los Estados Unidos también utilizaron el reclutamiento para aumentar el número de su ejército. A esto se le llamó *reclutamiento*. Al igual que otros países, no todos estaban de acuerdo con el reclutamiento y no estaban dispuestos a luchar. Algunos estadounidenses argumentaron que el reclutamiento era inconstitucional. Las personas podrían objetar conscientemente por motivos religiosos y se les ofrecería una opción de servicio militar no combativo (no violento/combate) o servicios alternativos.

Una foto de soldados estadounidenses reclutados que se dirigen a la guerra
https://commons.wikimedia.org/w/index.php?curid=67234162

En Gran Bretaña, los objetores de conciencia tendrían que comparecer ante un *tribunal* (un tribunal especial y un juez) que aprobaría o rechazaría su solicitud. La probabilidad de que la apelación fuera aceptada o rechazada dependía de dónde se celebrara el tribunal y de quién fuera el juez. Aquellos en Londres durante el Blitz tuvieron mucho menos éxito que otros. Si su solicitud era rechazada, los OC podían evitar el reclutamiento al negarse a asistir al examen médico, que todos los reclutas tenían que hacer para poder luchar. Sin embargo, si lo hacían, era probable que fueran sometidos a una corte marcial, multados o incluso enviados a prisión.

Un juez del tribunal rechazó la solicitud de un OC pacifista, diciendo: "Ni siquiera Dios es pacifista, porque al final nos mata a todos".

Muchas personas se opusieron al comienzo de la guerra. Esto probablemente se debía a que la gente todavía estaba superando la Primera Guerra Mundial. Sin embargo, a medida que avanzaba la guerra, las actitudes cambiaron y menos hombres se opusieron. En marzo de 1940, solo dieciséis de cada 1000 hombres se oponían a conciencia; esto cayó aún más después de Dunkerque, siendo ahora seis de cada 1000. La opinión pública comenzó a volverse en contra de los OC. En algunos trabajos, la gente se negaba a trabajar junto a un OC, o los empleadores despedían a los pacifistas que se negaban a luchar.

Casi 60.000 personas se registraron como objetores de conciencia en Gran Bretaña.walking!

Un soldado recibiendo su ración de estofado de carne y verduras
https://commons.wikimedia.org/w/index.php?curid=24488021

Después del entrenamiento, los soldados podían ser enviados a cualquier parte del mundo para luchar. La vida en el frente era muy difícil para los soldados. Se les daban raciones de comida, pero a menudo no les llegaban, y pasaban hambre. La comida que se les daba generalmente estaba enlatada o procesada para que durara. Una cena normal sería un guiso de carne seguido de arroz con leche y ciruelas pasas guisadas. A los soldados también se les daban dulces, chocolate y cigarrillos para aumentar la moral. Cuando estaban lejos de la base del ejército, vivían en tiendas de campaña o trincheras excavadas en el suelo. Estaban muy fríos y sucios sin acceso a calefacción ni agua caliente.

dato interesante Gran parte del día del soldado promedio era dedicado a marchar de un lugar a otro. Los soldados marchaban de quince a veinte millas por día. ¡Eso es mucho caminar!

Había muchas unidades diferentes de las que un soldado podía formar parte durante la Segunda Guerra Mundial. Los soldados del ejército solían formar parte de la *infantería*, principales tropas sobre el terreno que entablaban combate. También había soldados de *caballería* que luchaban a caballo. Además del ejército, había divisiones de la fuerza aérea y una armada para luchar en aire y mar. El regimiento de paracaidistas fue fundado durante la guerra en 1942. Estos soldados eran lanzados a la batalla en paracaídas desde un avión. Tuvieron un papel vital en el éxito de varias campañas aliadas. Hoy en día, se les conoce como paracaidistas y todavía son ampliamente utilizados en batalla.

Una foto de la infantería polaca marchando en 1939

https://commons.wikimedia.org/w/index.php?curid=2164705

Los soldados capturados por el enemigo se convertían en *prisioneros de guerra* (POW, por sus siglas en inglés) y eran enviados a campos de prisioneros de guerra. Tal vez el campo de prisioneros de guerra más infame de la Segunda Guerra Mundial fue *Colditz*. Era un castillo en Alemania que fue reutilizado para albergar prisioneros de guerra. El castillo estaba a 250 pies sobre el suelo, tenía muros de siete pies de espesor y estaba constantemente patrullado por guardias. Sin embargo, esto no impidió que la gente intentara escapar. Los prisioneros cavaban túneles y elaboraban planes de escape inteligentes. Se estima que hubo 130 intentos de escape en Colditz. Sin embargo, incluso si los prisioneros lograban escapar de los muros del castillo, estaba a más de 400 millas de distancia del territorio amigo, por lo que a menudo eran recapturados. A pesar de esto, treinta y dos personas escaparon con éxito y regresaron a territorio amigo sin ser atrapadas.

Se han hecho varios juegos de mesa, películas y series de televisión basados en escapar de los campos de prisioneros de guerra. Quizás uno de los más famosos es The Great Escape, que cuenta la historia de los soldados británicos que escaparon de un campo de prisioneros polaco.

Una foto del castillo de Colditz, 1945
https://commons.wikimedia.org/w/index.php?curid=1702964

Más de 170.000 prisioneros de guerra británicos fueron capturados por las fuerzas alemanas e italianas durante la Segunda Guerra Mundial. Esto parece escaso en comparación con los seis millones de soldados rusos capturados. Los soldados británicos, aunque no recibieron el mejor trato, en general eran mejor tratados que otros. Si bien las fuerzas alemanas e italianas no siguieron estrictamente la *Convención de Ginebra* (un acuerdo internacional sobre cómo actuar en tiempos de guerra), sus prisioneros eran tratados de manera justa. Aun así, los prisioneros de guerra se veían obligados a realizar trabajos forzados (aunque los oficiales no lo hacían) y se les daban raciones escasas.

Sin embargo, los soldados rusos eran tratados más duramente. Eran golpeados y morían de hambre, ya que se les consideraba racial y políticamente inferiores. Los soldados judíos y comunistas a menudo recibían disparos directos. En total, tres millones de prisioneros de guerra rusos murieron mientras estaban en cautiverio alemán.

dato interesante Durante la Segunda Guerra Mundial se capturaron más prisioneros que en cualquier otra guerra.

Si tenías la mala suerte de acabar en un campo de prisioneros japonés, las cosas eran peores. Uno de cada tres prisioneros moría por hambre, trabajo duro, castigo o enfermedad. Los japoneses también ignoraban por completo la Convención de Ginebra. Si intentabas escapar, te mataban delante de otros para dar ejemplo. En algunos campamentos, por cada persona que intentaba escapar, diez más también serían asesinadas para desalentar nuevos intentos.

Actividad del capítulo 4

Imagina que eres un soldado que lucha en la Segunda Guerra Mundial y estás escribiendo una carta a casa contándole a tu familia todo sobre tu vida. Considera la unidad en la que te encuentras. ¿Te ofreciste como voluntario o te reclutaron? ¿Te opusiste a conciencia, pero aún tienes que luchar? ¿Eres prisionero de guerra? Imagina qué tipo de vida estarías viviendo, cómo te haría sentir y qué le dirías a tu familia al respecto.

Comparte tu carta con nosotros por correo electrónico (matt@captivatinghistory.com), Facebook (Captivating History) o Instagram (captivatinghistorybooks).

Capítulo 5: La vida de un civil aliado

Dependiendo de dónde vivieras, tu experiencia de la Segunda Guerra Mundial podría ser muy diferente. Si vivieras en Francia u otros países ocupados por los nazis, la vida habría sido muy diferente a la de Gran Bretaña y los Estados Unidos, que nunca cayeron bajo la ocupación del Eje. En Gran Bretaña, la gente vivía con el miedo constante de ser bombardeado. Pasaban sus noches en apagones o escondiéndose en refugios antiaéreos durante los ataques aéreos. Prácticamente todos los civiles también tuvieron que arreglárselas con raciones y lidiar con la escasez de alimentos. La vida era aún más difícil si eras judío o parte de uno de los grupos "indeseables" de personas que no encajaban en el plan maestro de Hitler para una nueva raza aria "perfecta". En este capítulo, profundizaremos un poco sobre cómo era la vida de la gente común durante la Segunda Guerra Mundial.

Mujeres trabajando en una fábrica de bombas en Inglaterra, 1942

Mujeres

¿Sabías que las mujeres también eran reclutadas en el ejército? En diciembre de 1941, Gran Bretaña introdujo el reclutamiento para mujeres solteras y viudas sin hijos entre las edades de veinte y treinta años. A las mujeres se les daba la opción de unirse al *Servicio Territorial Auxiliar (ATS, por sus siglas en inglés)*, a la *Fuerza Aérea Auxiliar de Mujeres (WAAF, por sus siglas en inglés)* o al *Servicio Naval Real de Mujeres (WRNS, por sus siglas en inglés)*.

DATO CURIOSO la princesa Isabel, que más tarde se convirtió en la reina Isabel II, incluso se unió al esfuerzo de guerra como miembro del ATS.

Alternativamente, muchas mujeres fueron a trabajar en trabajos vitales para apoyar el esfuerzo de guerra, sirviendo como ingenieras, mecánicas, trabajadoras de municiones, conductoras de autobuses o camiones de bomberos, o guardias de ataques aéreos. Muchas mujeres también trabajaban como enfermeras, tratando a soldados heridos, a menudo en el frente, lo que podía ser muy peligroso.

Rosie the Riveter: un cartel de propaganda estadounidense que anima a las mujeres a trabajar en fábricas en apoyo al esfuerzo de guerra. "Podemos hacerlo"

A pesar de que la convocatoria solo incluía a mujeres solteras de veinte años, en 1943, el 90 por ciento de todas las mujeres solteras y el 80 por ciento de las mujeres casadas trabajaban en fábricas o en las fuerzas armadas.

Si bien no reclutaron mujeres en los Estados Unidos, las mujeres apoyaban el esfuerzo de guerra de la misma manera que en Gran Bretaña. Sin embargo, no participaron de ningún combate, ya que la opinión pública estaba en contra.

DATO CURIOSO Había más de 640.000 mujeres británicas y 150.000 mujeres estadounidenses en las fuerzas armadas.

Niños

Como probablemente puedas imaginar, crecer durante la Segunda Guerra Mundial debe haber sido un momento bastante aterrador. Es probable que los miembros de tu familia sean llamados a pelear o trabajar, y es probable que te envíen a vivir con extraños o familiares lejanos. Esto se conocía como *evacuación*, y era especialmente común en Gran Bretaña como una forma de proteger a los niños en las ciudades de los bombardeos. Lo

Un póster de la Segunda Guerra Mundial que anima a los padres a dejar a sus hijos en el campo, donde estarán más seguros. "Los niños están más seguros en el campo... déjelos allí"
https://commons.wikimedia.org/w/index.php?curid=30838962

común era enviarlos al campo. Solo las madres bebés podían ir con sus hijos; de lo contrario, los niños eran separados y enviados solos.

La evacuación comenzó en Gran Bretaña tan pronto como se declaró la guerra. Durante los primeros tres días, más de 1,5 millones de niños fueron evacuados.

La mayoría de los evacuados eran enviados en trenes al campo para vivir con familias de acogida. Solían ser personas que nunca habían visto antes. La vida en el campo era muy diferente, y muchos padres adoptivos se sorprendieron de lo descuidados y desnutridos que estaban los niños. Algunos ni siquiera habían probado una verdura o visto animales de granja en su vida. Pero el campo también carecía de algunos servicios que había en la ciudad; muchas casas no tenían agua corriente ni electricidad, y sus inodoros estaban afuera de la edificación.

Racionamiento

Personas de todo el mundo tuvieron que lidiar con la escasez de alimentos y ropa. En respuesta a esto, muchos países introdujeron el *racionamiento*. Había un límite en la cantidad de ciertos productos en demanda que la gente podía comprar, como carne, azúcar, mantequilla, queso y huevos. Para hacer frente a la escasez, la gente inventaba nuevas recetas o cultivaba sus propias verduras.

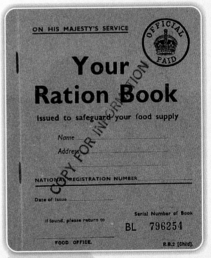

Libro de raciones de un niño británico
https://commons.wikimedia.org/w/index.php?curid=21041876

Para monitorear el racionamiento, el gobierno le dio a la gente sellos especiales de racionamiento (también conocidos como cupones o tarjetas) para intercambiar por las raciones de su elección. Para hacer frente a otras carencias, la gente establecía intercambios de ropa o cosían sus propias prendas.

Ataques aéreos

Hubo muchos *ataques aéreos* a lo largo de la guerra, especialmente durante el Blitz en Gran Bretaña. Estos eran ataques en mano de aviones enemigos que lanzaban bombas sobre barrios civiles. Las sirenas advertían a las personas de los ataques entrantes. Cuando sonaban las sirenas, la gente tenía que ponerse a cubierto, ¡y rápido! Se construyeron refugios (generalmente subterráneos) para proteger a las personas de estos ataques. Si tenías suerte, tenías un refugio que podía alojar hasta seis personas en tu jardín. Sin embargo, muchas personas no podían pagar su propio refugio y usaban los refugios comunales. En Londres, los túneles subterráneos (ferroviarios) se usaban como búnkeres improvisados.

dato interesante Aproximadamente 170.000 personas utilizaron los túneles y estaciones como refugios durante la Segunda Guerra Mundial.

Si tenías la suerte de sobrevivir a un ataque aéreo, pero tenías la mala suerte de que tu casa fuera destruida por una bomba, ibas a un *"centro de descanso"*. Aquí, te daban comida, refugio y nuevas copias de cualquier identificación o documento perdido en el ataque.

Para dificultar que los aviones enemigos detecten sus objetivos, Gran Bretaña usó *los apagones*. La gente tenía que tapar sus ventanas por la noche para asegurarse de que no se escapara la luz; las luces de la calle se apagaban por completo y la gente ni siquiera podría conducir con las luces delanteras de sus coches. Tendrían que cubrirlos para que solo se mostrara la más pequeña y estrecha franja de luz.

Personas durmiendo en las vías del metro de Londres durante un ataque aéreo

https://commons.wikimedia.org/w/index.php?curid=17368081

El pueblo judío

La vida era difícil para todos durante la guerra, pero para el pueblo judío era insoportable. El pueblo judío en todos los países que Hitler invadió se vio obligado a abandonar sus hogares, ya sea para esconderse, para vivir en los guetos o peor, en los campos de concentración.

Muchos judíos trataron de esconderse de los nazis, ya que sabían que lo que les esperaba no podía ser bueno. Las familias no judías arriesgarían sus vidas escondiendo a sus amigos y vecinos judíos en sus sótanos, áticos o en cualquier otro lugar. Algunas personas tuvieron que esconderse en la misma habitación, sin ver la luz del día durante años.

La vida era terrible para aquellos que eran atrapados y enviados a los campos de concentración. Se veían obligados a trabajar todo el día, todos los días, en condiciones terribles y se les daba muy poca comida. Muchos prisioneros murieron de enfermedades, condiciones climáticas adversas, hambre o agotamiento. Los que sobrevivían ni siquiera estaban a salvo, ya que podían enviarlos a las cámaras de gas y asesinarlos, podían golpearlos hasta la muerte o dispararles, o llevarlos al hospital para realizar experimentos.

Una foto de los prisioneros en Auschwitz obligados a elegir los zapatos de los recién llegados que fueron enviados inmediatamente a las cámaras de gas

https://commons.wikimedia.org/w/index.php?curid=87407684

Muchas personas ni siquiera sobrevivían al viaje a los campamentos; los hacinaban en trenes y no les daban comida ni agua durante horas. A los que llegaban a los campamentos inmediatamente les quitaban todas sus pertenencias y les afeitaban la cabeza (incluso a las mujeres). Se les daba un uniforme o ropa vieja para usar. A muchos les daban pijamas a rayas como única prenda de ropa. Los prisioneros ni siquiera podían usar sus nombres. En cambio, se les asignaba un número. En Auschwitz, las condiciones eran tan inhumanas que los prisioneros se veían obligados a tener un tatuaje de su número en sus brazos.

Actividad del capítulo 5

¡Vamos a jugar el juego del racionamiento! Imagina que solo tienes $10 para gastar. Puedes elegir entre los siguientes artículos, pero recuerda que tu pedido total no puede ser superior a $10. También debes tratar de comprar cosas con las que puedas hacer una comida real. ¿Qué comprarías?

Ítem	Costo	Ítem	Costo
Una barra de pan (o 4 bollos o panecillos)	$1,80	Un bloque de queso	$2,70
Un galón de leche	$1,20	Una bolsa de patatas (para hacer patatas fritas, patatas rellenas y más)	$1,10
12 huevos	$1.50	1 frasco de mantequilla de maní o jalea (el coste es por artículo; si quieres ambas cosas, ¡es el doble!)	$2,20 (por frasco)
6 rebanadas de tocino	$2,50	1 caja de cereal	$2,30
Una barra de chocolate	$3,30	4 hamburguesas	$2,80
1 botella de refresco	$2,90	1 botella de kétchup o salsa barbacoa (el precio es por artículo; si quieres ambos, ¡es el doble!)	$2,20 (por botella)
6 perritos calientes	$2,40	5 frutas o verduras (de tu elección, puedes mezclarlas y combinarlas)	$1,60

¿Qué artículos elegiste y qué harías con ellos? ¿Cuál es tu precio total? Comparte tu propuesta con nosotros por correo electrónico (matt@captivatinghistory.com), Facebook (Captivating History) o Instagram (captivatinghistorybooks).

Capítulo 6: Batallas famosas

Dado que la Segunda Guerra Mundial duró seis años y tuvo lugar en múltiples frentes en todo el mundo, existieron muchas batallas diferentes. No tenemos tiempo para mencionarlas a todas, a pesar de que todas fueron importantes y terribles en diferentes medidas. En este capítulo, aprenderemos sobre algunas de las batallas más importantes de la Segunda Guerra Mundial.

La batalla de Dunkerque

A veces, un buen líder militar necesita saber cuándo retirarse. Este fue el caso de la evacuación de Dunkerque. Con el nombre en clave de *Operación Dinamo*, la evacuación implicó el rescate de 338.000 soldados británicos y franceses de *Dunkerque*, Francia, entre el 26 de mayo y el 4 de junio de 1940.

Soldados evacuados de Dunkerque llegando a Dover, Inglaterra

Las fuerzas nazis se estaban acercando. Los Aliados sabían que Francia pronto caería ante la ocupación alemana, y sus ejércitos no podían detenerlos en ese momento. Entonces, los Aliados decidieron retirarse. Inicialmente, los Aliados pensaron que solo ahorrarían alrededor de 30.000 soldados. Fue un gran éxito e impulso de moral, muchos se salvaron para luchar otro día. Sin embargo, tuvieron que dejar atrás sus armas, y 90.000 hombres fueron capturados.

dato interesante La Fuerza Expedicionaria Británica (BEF, por sus siglas en inglés) atrapada en Dunkerque tenía las únicas tropas entrenadas en ese momento. Si hubieran sido capturados, probablemente habría llevado al colapso de la causa aliada.

La batalla de Inglaterra

Para el verano de 1940, Hitler había conquistado la mayor parte de Europa. El único país europeo importante que quedaba por enfrentar era Gran Bretaña. Para invadir Gran Bretaña, Hitler sabía que necesitaba derribar su poderosa fuerza aérea. A partir del 10 de julio de 1940, Alemania comenzó a bombardear Gran Bretaña durante meses. Los alemanes se centraron en bombardear pistas y radares (el radar se usaba para informar a los británicos de los ataques entrantes) para evitar que pudieran volar. Como eso no funcionó, comenzaron a bombardear las principales ciudades, ataque que se conoció como "Blitz".

dato interesante La batalla recibió su nombre después de que el primer ministro británico Winston Churchill dijera: "La batalla de Francia ha terminado. La Batalla de Inglaterra está a punto de comenzar".

A pesar de tener más aviones, los nazis no pudieron derrotar a la Royal Air Force británica. Finalmente se rindieron, ya que necesitaban sus aviones para otras batallas. Se estima que 1000 aviones británicos y 1800 alemanes fueron derribados y destruidos durante la batalla.

Un soldado avistando aviones cerca de la Catedral de San Pablo, Londres, durante la Batalla de Inglaterra
https://commons.wikimedia.org/w/index.php?curid=2574879

La batalla de Stalingrado

Esta fue una de las batallas más grandes y mortíferas de la Segunda Guerra Mundial. Tuvo lugar en *Stalingrado*, Rusia, entre los ejércitos alemán y soviético. Duró desde finales de 1942 hasta que Alemania se rindió el 2 de febrero de 1943. Hitler estaba muy enojado con su general por rendirse. No le importaba cuántas personas tuvieran que morir para ganar la batalla. La batalla de Stalingrado les costó caro a los nazis, ya que perdieron tantos hombres que nunca se recuperaron por completo.

La batalla de Midway

La batalla de Midway fue un punto de inflexión clave en la guerra en el Pacífico. Se libró entre los Estados Unidos y Japón del 4 al 7 de junio de 1942. Midway era una isla que estaba aproximadamente a medio camino entre América del Norte y Asia. Los japoneses sentían que debían conquistar este lugar estratégico. Entonces, decidieron atacar la base militar estadounidense que allí se encontraba.

Las fuerzas estadounidenses distrajeron a los barcos japoneses con aviones torpederos. Mientras los japoneses se centraban en ellos, Estados Unidos envió bombarderos en picado, que atacaron desde mucho más arriba, destruyendo tres de los cuatro portaaviones japoneses. Estados Unidos hundió finalmente el cuarto, así como cientos de barcos y aviones japoneses. Esta batalla fue la primera victoria importante para los Estados Unidos en la guerra en el Pacífico.

Una foto tomada después de un bombardeo
japonés durante la Batalla de Midway
https://commons.wikimedia.org/w/index.php?curid=70726570

Día D: la invasión de Normandía

El Día D tuvo lugar el 6 de junio de 1944, cuando 150.000 soldados aliados de Gran Bretaña, Francia, Estados Unidos y Canadá irrumpieron en las playas de Normandía, Francia, para luchar contra los alemanes. Esta victoria se convirtió en el punto de inflexión de la guerra en Europa para los Aliados. En el período previo al ataque, los Aliados bombardearon fuertemente a los alemanes para frenarlos; también hicieron que pareciera que estaban planeando atacar en algún lugar más al norte de Normandía.

dato interesante La batalla casi se canceló debido al mal tiempo. Aunque el clima causó problemas, los alemanes fueron tomados por sorpresa, ya que no esperaban que atacaran ese día.

Una foto tomada el Día D mientras los soldados
asaltan la playa de Normandía

51

Primero, se enviaron paracaidistas para atacar puntos clave detrás de las líneas enemigas. Luego, se lanzaron miles de bombas sobre las defensas alemanas mientras los buques de guerra bombardeaban las playas. Mientras tanto, la Resistencia francesa destruyó los ferrocarriles y cortó las comunicaciones alemanas. Finalmente, llegaron 6000 barcos con soldados armados y tanques para asaltar las playas.

dato interesante Además de hacer que la gente saltara de los aviones, los Aliados también arrojaban maniquíes en paracaídas para confundir al enemigo y atraer su fuego.

La batalla de las Ardenas

La batalla de las Ardenas fue una de las mayores batallas de la historia de Estados Unidos. Luego de que Francia estuviera liberada, los Aliados sintieron que la guerra pronto terminaría. En un último empujón, Hitler lanzó un gran ataque el 16 de diciembre de 1944 contra los Aliados en el *Bosque de las Ardenas* en Bélgica. La batalla ganó su nombre debido a la protuberancia creada en la línea del frente por el ataque alemán.

El ejército estadounidense no estaba preparado para el ataque y miles de personas murieron. Sin embargo, los soldados estadounidenses no querían rendirse y dejar que los nazis ganaran. Pequeños grupos de valientes soldados se atrincheraron y se negaron a dejarlos pasar; ganando tiempo para que llegaran los refuerzos. Su coraje ayudó a los Aliados a ganar la batalla y sellar el destino de los nazis para siempre.

Actividad del capítulo 6

¿Puedes adivinar qué batalla se está describiendo a partir de las oraciones siguientes?

1. Los alemanes no pudieron derrotar a la Royal Air Force e invadir Gran Bretaña durante esta batalla.

2. Este fue uno de los mayores éxitos militares estadounidenses de la historia.

3. Esta batalla tuvo lugar a medio camino entre Japón y Estados Unidos.

4. Este fue el punto de inflexión para los Aliados en la guerra en Europa.

5. Miles de soldados fueron evacuados durante esta batalla.

6. Esta batalla tuvo lugar en Rusia.

Respuestas del capítulo 6

1. Los alemanes no pudieron derrotar a la Royal Air Force e invadir Gran Bretaña durante esta batalla. **La batalla de Gran Bretaña.**

2. Este fue uno de los mayores éxitos militares estadounidenses de la historia. **La batalla de las Ardenas**

3. Esta batalla tuvo lugar a medio camino entre Japón y Estados Unidos. **La batalla de Midway**

4. Este fue el punto de inflexión para los Aliados en la guerra en Europa. **Día D: la invasión de Normandía.**

5. Miles de soldados fueron evacuados durante esta batalla. **La batalla de Dunkerque.**

6. Esta batalla tuvo lugar en Rusia. **La batalla de Stalingrado.**

Capítulo 7: Héroes de guerra

Hubo muchos héroes valientes durante la Segunda Guerra Mundial, demasiados para enumerarlos todos dentro de este capítulo. Cada soldado que luchó contra Hitler y sus nazis y los regímenes italiano y japonés, defendió a su país y defendió lo que era correcto era considerado un héroe. Pero no solo los soldados eran héroes. También fue la gente común que hizo su parte, desde apoyar el esfuerzo de guerra de alguna u otra manera hasta esconder amigos y vecinos del ataque de los nazis. En este capítulo, mencionaremos algunos de los héroes más famosos de la Segunda Guerra Mundial.

Ana Frank

Ana Frank fue una mujer dentro de los millones de judíos que perdieron la vida bajo el régimen nazi. La razón por la que Ana es tan conocida es por su famoso diario. Ana era una niña judía de quince años nacida en Alemania; ella y su familia se escondieron durante años en un ático en Ámsterdam. Mientras estaba allí, Ana escribió un diario sobre su vida en la clandestinidad. Lamentablemente, Ana y su familia fueron capturados y enviados a campos de concentración, donde Ana perdió la vida. Su diario, sin embargo,

Una foto de Ana Frank
https://commons.wikimedia.org/
w/index.php?curid=68542166

sigue vivo y todavía se lee en todo el mundo. Nos da una visión única de cómo era la vida en esas circunstancias y sirve como un claro recordatorio de que nunca podemos permitir que algo tan horrendo vuelva a suceder.

Jane Kendeigh

Esta enfermera de vuelo de la Marina de los Estados Unidos fue la primera en su posición en volar a una zona de combate activa. *Jane Kendeigh* no iba a dejar que el hecho de ser mujer le impidiera salvar vidas y tratar a soldados heridos en batalla. Voló valientemente al combate durante la *batalla de Iwo Jima* en el Pacífico.

Oskar Schindler

Ser alemán durante la guerra no fue fácil. Incluso si no estabas de acuerdo con los nazis, era peligroso ir en su contra. *Oskar Schindler*, como muchos alemanes, era miembro del Partido Nazi, pero eso no significaba que estuviera de acuerdo con lo que le estaban haciendo al pueblo judío. Era un hombre de negocios y decidió emplear a judíos de los campos de concentración. Mientras trabajaban para él, estaban protegidos de la brutalidad diaria de los campamentos. Sus actos ayudaron a salvar la vida de más de 1000 judíos.

dato interesante La galardonada película La lista de Schindler se basó en la vida de Oskar Schindler.

Una foto de Oskar Schindler
https://commons.wikimedia.org/w/index.php?curid=39536435

Mae Krier

Mae trabajó como remachadora construyendo bombarderos B-17 y B-25 durante la guerra. También fue la cara de la campaña Rosie the Riveter. Trabajó incansablemente desde la guerra para obtener el reconocimiento de las mujeres dentro de la guerra e inspirar a las jóvenes a entrar en carreras STEM.

Claus von Stauffenberg

Otro alemán que no estaba de acuerdo con el régimen nazi fue *Claus Von Stauffenberg*. Era un soldado del ejército alemán que intentó *asesinar* a Adolf Hitler durante la *Operación Valquiria*. Por desgracia, su intento fracasó y fue ejecutado.

Dwight D. Eisenhower

Es posible que hayas oído hablar de *Dwight D. Eisenhower*, el presidente de los Estados Unidos entre 1953 y 1961. Pero, ¿sabías que, antes de eso, era un general de cinco estrellas en el ejército de los Estados Unidos y luchó durante la Segunda Guerra Mundial? No solo eso, sino que Eisenhower planeó y supervisó dos de las campañas militares más importantes de la guerra, la "Operation Torch" (*Operación Antorcha*) y el Día D.

Una foto de los generales Eisenhower, Patton y Bradley en Francia poco después del Día D

https://commons.wikimedia.org/w/index.php?curid=50406664

Franklin Roosevelt

Como presidente de los Estados Unidos durante la Segunda Guerra Mundial, Roosevelt fue una figura importante a la hora de decidir unirse a la guerra del lado de los Aliados y finalmente ganar la guerra. Él sentó las bases para la paz después de la guerra al proponer el proyecto de las *Naciones Unidas*. La ONU es una organización intergubernamental que tiene como objetivo mantener la paz mundial.

dato interesante Roosevelt fue presidente durante cuatro mandatos, ¡el doble que cualquier otro presidente! Hoy en día, una ley dice que los presidentes de los Estados Unidos no pueden servir por más de dos mandatos (un mandato dura cuatro años).

Charles de Gaulle

Charles de Gaulle fue el líder del movimiento de la Francia Libre. Pronunció discursos en la radio de la BBC (británica) instando a los franceses a resistir la ocupación nazi. Trabajó con los líderes aliados para liberar a Francia, y su movimiento de resistencia ayudó durante el Día D y la liberación de París. Ayudó a Francia a formar un nuevo gobierno después de su liberación y finalmente se convirtió en el presidente de Francia.

Winston Churchill

Winston Churchill es visto como uno de los más grandes primeros ministros que Gran Bretaña haya tenido. Su fuerte liderazgo y sus discursos inspiradores ayudaron a elevar la moral de los británicos y llevarlos a la victoria. Gracias a Churchill, las Potencias Aliadas ganaron a los poderosos aliados, Estados Unidos y la Unión Soviética, que fueron fundamentales para que los Aliados ganaran la guerra.

La Unión Soviética había sido notoriamente un enemigo de Gran Bretaña. Pero Churchill sabía que los Aliados necesitaban la ayuda de los rusos para ganar. Entonces, dejó de lado su disgusto por el líder soviético, Joseph Stalin, y forjó una alianza con ellos por el bien mayor.

Churchill hizo tantos discursos icónicos que no podemos citarlos todos, ¡pero aquí hay un par!

Sobre la lucha contra los alemanes: *"Lucharemos en los campos y en las calles, lucharemos en las colinas; nunca nos rendiremos"*.

Sobre la RAF durante la batalla de Inglaterra: *"Nunca en el campo de los conflictos humanos tantos debieron tanto a tan pocos"*.

Una foto de Winston Churchill
https://commons.wikimedia.org/w/index.php?curid=41991931

Actividad del capítulo 7

Imagina que eres un héroe durante la Segunda Guerra Mundial. Tal vez eres como Ana Frank, escondida de los nazis, un primer ministro, presidente, líder militar o simplemente una persona común que intenta hacer un buen acto. Elige entre una o más de las siguientes actividades:

- Escribe una entrada en el diario que describa su vida diaria.

- Escribe una historia corta sobre un héroe, real o imaginario.

- Escribe un discurso diseñado para inspirar a tus conciudadanos o soldados a seguir luchando.

Comparte tus ideas con nosotros por correo electrónico (matt@captivatinghistory.com), Facebook (Captivating History) o Instagram (captivatinghistorybooks).

60

Capítulo 8: Villanos de guerra

Lamentablemente, en la vida real también existen villanos y personas que hacen cosas malas. La Segunda Guerra Mundial fue un momento terrible en el que algunas personas muy malas hicieron cosas horribles. En este capítulo, aprenderemos un poco más sobre lo peor de lo peor y por qué son algunas de las personas más malvadas de la historia.

Adolf Hitler

Como ya sabes, Adolf Hitler fue el líder del Partido Nazi y dictador de Alemania de 1933 a 1945. Él fue la razón principal de toda la guerra. Hitler fue responsable del *genocidio* (la destrucción intencional de una raza de personas) de seis millones de judíos bajo su plan de "*Solución Final*". Hoy en día, esto se llama el *Holocausto*. También fue responsable de asesinar a cinco millones de personas en los campos de concentración. Y ese número ni siquiera considera los millones que murieron luchando contra su régimen fascista y sus planes de dominar el mundo.

dato interesante El Holocausto es el genocidio más grande de la historia. Se cree que hasta diecisiete millones de personas inocentes fueron asesinadas por los nazis.

Hitler nació en Austria el 20 de abril de 1889. No le iba bien en la escuela, y sus padres y algunos de sus hermanos murieron jóvenes. Soñaba con ser artista, y se mudó a Viena, Austria, para perseguir este sueño. Sin embargo, no tenía éxito y era bastante pobre. Luego se mudó a Alemania para tratar de convertirse en arquitecto. Hitler descubrió el amor por la guerra y se convirtió en un *patriota* alemán (alguien que ama mucho a su país) como soldado durante la Primera

Guerra Mundial. Después de esto, decidió dedicarse a la política y descubrió que era bueno dando discursos. Y el resto es historia.

Una foto de Hitler dando un discurso en Austria en 1938 después de la anexión con Alemania

Benito Mussolini

Mussolini fue el gobernante de Italia durante la Segunda Guerra Mundial y fundó el fascismo. Era un aliado de Hitler y luchó junto a las Potencias del Eje en la guerra. Valoraba el nacionalismo por encima de los derechos individuales. Bajo su Partido Nacional Fascista, esperaba restaurar el Imperio romano. Gobernó Italia como dictador, usando la violencia y regímenes opresivos. Sin embargo, el pueblo italiano pronto se volvería contra él, y fue arrestado y destituido del poder en 1943. Hitler lo ayudó a escapar y establecer un nuevo gobierno en el norte de Italia. En 1945, las fuerzas aliadas avanzaron, y fue finalmente capturado y ejecutado el 28 de abril de 1945.

Joseph Stalin

Stalin fue el líder de la Unión Soviética de 1924 a 1953. Aunque él y sus tropas ayudaron a los Aliados a ganar la guerra, comenzó como un enemigo del lado de las Potencias del Eje. Después de la guerra, se volvió contra sus aliados. Aprovechó el caos de la posguerra y se apoderó de varios países, incluidos Polonia, partes de Alemania, Checoslovaquia y Hungría, y les impuso el gobierno de su Partido Comunista en contra de los deseos de Gran Bretaña y los Estados Unidos.

Stalin está en nuestra lista de villanos debido a su dura dictadura. Sus políticas consiguieron que mucha de su gente pasara hambre debido a la hambruna o muriera por trabajo forzado. Al igual que Hitler, también tenía campos de prisioneros donde enviaba a quienes se oponían a él y a menudo los asesinaba. Se estima que aproximadamente veinte millones de personas murieron durante su gobierno.

Emperador Hirohito

Hirohito fue el emperador de Japón y el monarca que más tiempo reinó en el país. Sin embargo, era más que nada una figura decorativa. Se mantuvo al margen de la política, confiando en sus asesores y generales para tomar las grandes decisiones. Cuando sus generales decidieron invadir China y, más tarde, unirse a las Potencias del Eje en la guerra, Hirohito no habló por temor a ser asesinado. Después de que Hirohito fuera testigo de los bombardeos en Hiroshima y Nagasaki, supo que Japón necesitaba rendirse y fue quien lo anunció a su pueblo.

Aunque Hirohito puede no haber sido quien tomó las decisiones, su participación aún significaba que muchas personas pensaran que debía ser castigado. Sin embargo, a diferencia de muchos de sus generales y asesores, Hirohito no fue juzgado por crímenes de guerra y siguió siendo el emperador de Japón.

Civiles japoneses escuchando la rendición de Hirohito
https://commons.wikimedia.org/w/index.php?curid=6044645

Josef Mengele

Los médicos profesionales juran curar y proteger a las personas, pero Mengele fue un médico que rompió este voto. Llevó a cabo experimentos crueles y dolorosos con prisioneros en los campos de concentración en nombre de la ciencia. Llegó a ser conocido como el *Ángel de la Muerte*. Estaba particularmente interesado en los hermanos gemelos y la genética para tratar de crear la "raza superior". Lamentablemente, escapó al final de la guerra y nunca fue castigado por sus crímenes.

Heinrich Himmler

Himmler era la mano derecha de Hitler. Fue su idea introducir los campos de concentración y, más tarde, el Holocausto como la "Solución Final" para erradicar al pueblo judío y a cualquier otra persona que los nazis creyeran subhumana. Cuando terminó la guerra, Himmler intentó escapar, pero fue capturado. Sin embargo, se suicidó antes de que pudiera ser castigado por sus terribles crímenes.

Joseph Goebbels

Goebbels estaba a cargo de la propaganda de Alemania durante el gobierno de Hitler. Su trabajo no solo ayudó a deshumanizar al pueblo judío, sino que también alentó a las personas a apoyar el esfuerzo de guerra. Al final de la guerra, él y su esposa se suicidaron y mataron a sus seis hijos en lugar de enfrentarse a la justicia.

Una foto de Hitler y otras personas. De izquierda a derecha en la primera fila, Heinrich Himmler, Wilhelm Frick, Adolf Hitler, Franz von Epp, Hermann Göring, en la segunda fila, Martin Mutschmann, Joseph Goebbels, Julius Schaub, en la tercera fila, Karl Fritsch

Actividad del capítulo 8

Lamentablemente, los villanos de la vida real no son tan divertidos como los supervillanos que vemos en la televisión y en las películas. Por suerte, los héroes ganaron y derrotaron a los villanos de la Segunda Guerra Mundial. En lugar de pensar en estos horribles villanos, crea tu propio supervillano y un superhéroe para derrotarlos. Tal vez puedas contar una historia, escribir un cómic o hacer un dibujo de tu héroe golpeando al villano. Incluso podrías tener grupos de villanos y héroes.

Comparte tus ideas con nosotros por correo electrónico (matt@captivatinghistory.com), Facebook (Captivating History) o Instagram (captivatinghistorybooks).

Capítulo 9: Un largo legado

La Segunda Guerra Mundial terminó en 1945, pero dejó un legado que impactó en el mundo entero. El Holocausto no solo cobró la vida de millones de personas inocentes, sino que la guerra en sí fue la más mortífera de la historia, con hasta ochenta millones de muertes, cincuenta millones de las cuales fueron civiles. Cinco países perdieron más del 10 por ciento de su población.

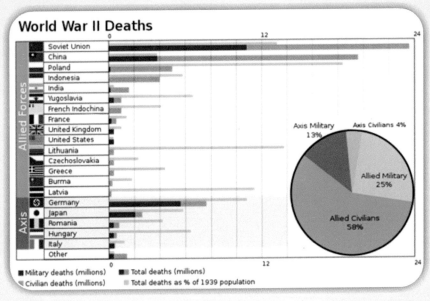

Una tabla que muestra las muertes de las Potencias Aliadas y del Eje durante la Segunda Guerra Mundial

Difusión del comunismo

Tras el final de la guerra en Europa, la Unión Soviética (URSS) tuvo la posibilidad de difundir el comunismo y aumentar su territorio al tomar muchos de los países ocupados por Alemania durante la guerra. El resto de los Aliados permitieron que esto sucediera, ya que aún necesitaban la ayuda de la URSS para librar la guerra en el Pacífico.

Varias guerras posteriores comenzaron (como las guerras de Corea y Vietnam) porque Estados Unidos no quería que el comunismo se extendiera más. Aunque la idea del comunismo suena bien, en la práctica, por lo general no funciona y resulta en dictaduras. Estados Unidos también dio dinero a los países europeos después de la guerra para ayudarlos a construir democracias y economías fuertes para evitar el comunismo. La ayuda financiera de los Estados Unidos se llamó *Plan Marshall*.

La Guerra Fría

El final de la Segunda Guerra Mundial vio el surgimiento de dos nuevas superpotencias globales: Estados Unidos y la Unión Soviética. Aunque habían sido aliados durante la guerra, ahora se convertían en rivales. Ninguno quería que el otro se volviera demasiado poderoso. Estados Unidos no estaba de acuerdo con el comunismo y la URSS no estaba de acuerdo con el capitalismo. Los países aliados occidentales, incluidos los Estados Unidos, formaron una alianza contra el comunismo llamada *OTAN*; los países comunistas contaban con el *Pacto de Varsovia*.

Ambas partes comenzaron a participar en una *carrera de armamentos* nucleares en la que cada parte comenzó a fabricar más y más armas nucleares por temor a ser atacada por la otra. Esto se denominó *Guerra Fría*. Sin embargo, dado que Estados Unidos y la Unión Soviética habían visto el impacto devastador que las bombas atómicas tuvieron en Japón, la guerra nunca estalló por completo. Cualquiera que fuera el lado que atacara primero, el otro podría tomar represalias y destruirlos, por lo que ninguno quería ser el primero. Esto se conocía como *Destrucción Mutua Asegurada (MAD, por sus siglas en inglés).* La Guerra Fría duró cuarenta y cinco años hasta el colapso de la Unión Soviética.

dato interesante Gran Bretaña, Francia y China crearon armas nucleares durante la carrera armamentista. Hoy en día, Corea del Norte, India, Pakistán e Israel también tienen armas nucleares.

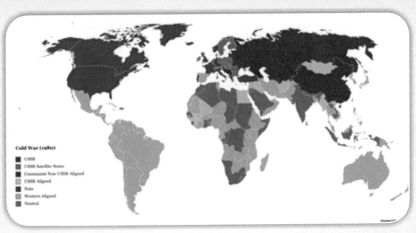

Un mapa de la Guerra Fría en 1980

Alemania de posguerra

Cuando terminó la guerra en Europa, Alemania se dividió en cuatro partes que ocupaban las principales potencias aliadas (Gran Bretaña, Francia, Estados Unidos y la Unión Soviética). Luego, en 1949, se establecieron la *República Federal de Alemania (Alemania Occidental)* y la *República Democrática Alemana (Alemania Oriental).* Alemania Occidental se convirtió en una sociedad capitalista alineada con Gran Bretaña, Estados Unidos y Francia, mientras que Alemania Oriental cayó bajo el control comunista soviético.

dato interesante Corea también se dividió por la mitad, con el norte bajo control soviético y el sur bajo control estadounidense. El país sigue dividido hasta el día de hoy.

La capital, Berlín, también estaba dividida, a pesar de que técnicamente estaba en territorio soviético. Con el tiempo, las personas en el Berlín Oriental Comunista comenzaron a mudarse a Berlín Occidental. A estas personas se las llamaba *desertores*. En 1961, Berlín Oriental construyó un muro para evitar que los desertores se fueran. Para el fin de su construcción, el muro de hormigón tenía doce pies de alto y cuatro pies de ancho. La pared estaba fuertemente custodiada, y los que intentaban escapar eran fusilados.

dato interesante Entre 1949 y 1959, más de dos millones de personas desertaron de Berlín Oriental y más de 230.000 se fueron solo en el año de 1960.

A finales de los años ochenta, la Unión Soviética había comenzado a colapsar. Luego, el 9 de noviembre de 1989, se anunció que las personas podían moverse libremente entre Alemania Oriental y Occidental. La gente salió a las calles a celebrar, y el Muro de Berlín fue derribado. El 3 de octubre de 1990, Alemania se reunificó en un solo país.

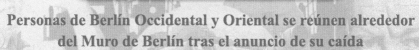

Personas de Berlín Occidental y Oriental se reúnen alrededor
del Muro de Berlín tras el anuncio de su caída

Complete los espacios en blanco:

Después de la Segunda Guerra Mundial, surgieron dos superpotencias globales: la
_____ _____(URSS) y los _____ _____. La URSS
aprovechó la confusión para ganar territorio y propagar el _____. Los países
comunistas formaron el Pacto de _____, mientras que los países
occidentales formaron la _____. Estas dos partes participaron entonces en una
_____ _____, en la que ambas partes fabricaban cada vez más
armas _____. Esto se denominó Guerra _____. Sin embargo, ninguna de
las partes usó sus bombas debido a la _____ _____ _____
(MAD, por sus siglas en inglés).

Alemania se dividió después de la guerra en Alemania _____ y _____. La
capital, _____, también estaba dividida a pesar de que estaba en territorio de la
URSS. La gente del lado comunista comenzó a moverse hacia el lado capitalista; se
llamaban _____. Para detener esto, se construyó el _____ ___
_____. Este fue derribado cuando Alemania se reunificó como un solo país el 3
de octubre de 1990.

Respuestas del capítulo 9

¿Cuántas acertaste?

Después de la Segunda Guerra Mundial, surgieron dos superpotencias globales: la **Unión Soviética (URSS)** y los **Estados Unidos**. La URSS aprovechó la confusión para ganar territorio y propagar el **comunismo**. Los países comunistas formaron el Pacto de Varsovia, mientras que los países occidentales formaron la **OTAN**. Estas dos partes participaron entonces en una **carrera armamentista**, en la que ambas partes fabricaban cada vez más armas **nucleares**. Esto se denominó Guerra Fría. Sin embargo, ninguna de las partes usó sus bombas debido a la **Destrucción Mutua Asegurada (MAD, por sus siglas en inglés)**.

Alemania se dividió después de la guerra en Alemania **Oriental** y **Occidental**. La capital, **Berlín**, también estaba dividida a pesar de que estaba en territorio de la URSS. La gente del lado comunista comenzó a moverse hacia el lado capitalista; se llamaban **desertores**. Para detener esto, se construyó el **Muro de Berlín**. Este fue derribado cuando Alemania se reunificó como un solo país el 3 de octubre de 1990.

Capítulo 10: Datos divertidos (y no tan divertidos) sobre la Segunda Guerra Mundial

1. Winston Churchill ganó el Premio Nobel de Literatura en 1953 y fue nombrado ciudadano honorario de los Estados Unidos.

2. La Alemania nazi tenía una policía secreta llamada Gestapo. Trabajaban en secreto contra cualquiera que se opusiera a los nazis y estaban por encima de la ley.

3. Un soldado estadounidense que luchaba en Filipinas, John R. McKinney, quedó atrapado y tuvo que luchar solo contra 100 soldados japoneses. Se las arregló para matar a treinta y ocho de ellos a pesar de recibir un golpe de sable en la cabeza. ¡Sorprendentemente, sobrevivió para contar la historia! Fue galardonado con una Medalla de Honor del Congreso por su valentía.

4. Por ley, a los judíos no se les permitía poseer aparatos de radio inalámbricos en la Alemania en 1939.

5. Se realizaron treinta y cuatro millones de cambios de dirección en Gran Bretaña durante la guerra.

6. Los judíos en la Europa ocupada por los nazis estaban obligados por ley a usar una insignia con una estrella amarilla de seis puntas que contenía la palabra "Judío".

7. La persona más joven en el ejército de los EE. UU. durante la Segunda Guerra Mundial tenía solo doce años. Calvin Graham mintió sobre su edad para luchar en la Marina de los EE. UU. Descubrieron su edad real solo después de resultar herido.

La insignia que los judíos debían usar obligatoriamente. Dice "judío" en el centro

8. Los japoneses usaban aviones kamikaze. Eran aviones donde los pilotos se estrellaban deliberadamente cargados de explosivos contra el enemigo. Su disposición a suicidarse los convertía en oponentes formidables.

9. Una partera polaca llamada Stanisława Leszczyńska ayudó a dar a luz a más de 3000 bebés en el campo de concentración de Auschwitz.

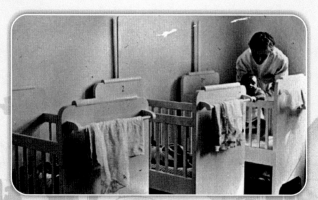

Una guardería en el campo de concentración de Auschwitz

10. A los soldados británicos se les racionaba solo tres hojas de papel higiénico en comparación con las veintidós hojas de los soldados estadounidenses. ¡Qué afortunados los estadounidenses! ¿Crees que compartieron?

11. El Dr. Eugene Lazowski salvó a unos 8000 judíos de los campos de concentración inyectándoles la vacuna contra el tifus. Cuando los nazis los examinaron, dieron positivo para la enfermedad. Los nazis tenían tanto miedo al tifus que mantuvieron a la gente en cuarentena en lugar de enviarlos a los campos de concentración.

12. Una mezquita y un líder religioso en París ayudaron a salvar a los judíos dándoles certificados que decían que eran musulmanes.

13. El aviador británico Nicholas Alkemade sobrevivió a una caída de 18.000 pies sin paracaídas luego de que derribaran su avión. ¡Sorprendentemente, se fue con solo un esguince de tobillo!

14. Un grupo de soldados polacos reclutó a un oso. Wojtek, el oso pardo sirio, ayudaba a llevar armas pesadas y disfrutaba de una que otra cerveza nocturna con las tropas. Después de la guerra, vivió en el zoológico de Edimburgo hasta que murió de vejez.

15. Ni la familia de Hitler quería a Hitler. Su sobrino de origen británico, William Hitler, luchó en el lado aliado en la Marina de los EE. UU.

16. Los alemanes inventaron la máquina Enigma para enviar mensajes secretos codificados. Un matemático llamado Alan Turing descifró el Código Enigma, y la inteligencia obtenida gracias a esto ayudó enormemente al esfuerzo de guerra.

Turing también es conocido por inventar la máquina de Turing, la base original de los ordenadores.

17. La única víctima de la primera bomba lanzada sobre Berlín fue un elefante en el zoológico. ¡Pobre elefante!

18. Un soldado japonés no creía que Japón se había rendido. Hiroo Onoda se negó a renunciar a su puesto. Se escondió en la selva durante casi treinta años después de la guerra. Solo se rindió cuando su excomandante vino a ordenarle personalmente que se retirara en 1974.

Un soldado con Wojtek el oso
https://commons.wikimedia.org/w/index.php?curid=11562927

19. Sorprendentemente, Onoda no fue el último soldado japonés en rendirse. Teruo Nakamura fue encontrado diez meses después, también escondido en una selva. Él tampoco creía que la guerra hubiera terminado. Había perdido contacto con sus comandantes, y cuando vio volantes que declaraban que la guerra había terminado, pensó que eran simplemente propaganda.

20. Los rusos perdieron más ciudadanos durante la Batalla de Stalingrado que los británicos durante toda la guerra.

21. Cuando las fuerzas aliadas avanzaban hacia Berlín, Heinrich Himmler estaba tan estresado que decidió abandonar su puesto e ir a un spa. Mientras estuvo allí, incluso trató de negociar un tratado de paz a espaldas de Hitler.

22. Un hombre, Tsutomu Yamaguchi, estaba tanto en Hiroshima como en Nagasaki al ser bombardeada y sobrevivió. ¡Qué suerte!

23. ¿Alguna vez has escuchado que comer zanahorias te ayuda a ver mejor en la oscuridad? Resulta que esto es un mito. Durante la guerra, Inglaterra difundió la idea de que las zanahorias ayudarían a las personas a ver mejor en la oscuridad. Inglaterra no quería que los alemanes supieran sobre su sistema de radar. Dado que la idea se instaló, ¡podemos decir que hicieron un buen trabajo engañando a los alemanes!

24. Los espías jugaron un papel importante en la Segunda Guerra Mundial. Iban de incógnito para descubrir los secretos del enemigo. Los británicos lograron que los espías alemanes se convirtieran en agentes dobles y espiaran a su propio país, dando información falsa. ¡Entregaron con éxito a cuarenta agentes!

25. Los estadounidenses pensaban que "hamburger" (hamburguesa, en inglés) sonaba demasiado alemán, ya que el nombre provenía de la ciudad alemana de Hamburgo, por lo que le cambiaron el nombre a "Liberty Steak" (filete de la libertad) durante la Segunda Guerra Mundial.

Cartel de propaganda estadounidense en contra de hablar los idiomas del Eje. "No hable la lengua del enemigo, hable inglés"

Actividad del capítulo 10

¡Haz tu propio avión Spitfire de papel!

Diseñador para la actividad:

https://www.olivehackney.com/wp-content/uploads/2020/05/Make-Your-Own-Spitfire.pdf

Si desea obtener más información sobre toneladas de otros períodos históricos emocionantes, ¡consulte nuestros otros libros!

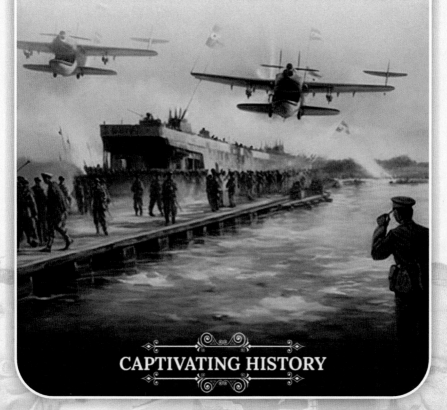

LA PRIMERA GUERRA MUNDIAL

PARA NIÑOS

UNA GUÍA FASCINANTE DE LA PRIMERA GUERRA MUNDIAL

CAPTIVATING HISTORY

Bibliografía

Si te ha gustado este libro, ¡echa un vistazo a estos increíbles libros, sitios web y canales de YouTube!

Libros

Frank, Anne. The Diary of a Young Girl. 2012.

Hall, Kelly. Heroes of World War 2: A World War II Book for Kids: 50 Inspiring Stories of Bravery (Personas y eventos en la historia). 2021.

Magorian, Michelle. Goodnight Mister Tom. 2014.

National Geographic Kids. Everything: World War II: Facts and photos from the front line to the home front! 2021.

Roman, Carole. Spies, Code Breakers, and Secret Agents: A World War II Book for Kids (Espías en la historia, para niños). 2020.

Sitios web

https://www.natgeokids.com/uk/?s=world+war+2&post_type=

https://kids.britannica.com/kids/article/World-War-II/353934
https://kids.britannica.com/students/article/World-War-II/277798

https://www.bbc.co.uk/newsround/16690175

YouTube

https://www.youtube.com/playlist?list=PLu2xst_eS6dqg8KiT-QWt0HKi-ZGDINKJ

https://www.youtube.com/playlist?list=PLQw_XrMIiWVYdCBZ-ZJcv5nvUrjQPmjyY

https://www.youtube.com/watch?v=4idj7fl6OZg

https://www.youtube.com/playlist?list=PLRIbIiRJTXx9yLdVKoPnEQsvqJYvULCDy

BBC Teach - Busque "World War 2"

Made in the USA
Monee, IL
25 July 2025

21850810R00052